Schwäbische Eisenbahn

Layout und Druck Gebr. Metz, Tübingen
Fotos: Daimler Benz 69, Archiv Künkele 2,
Verkehrsmuseum Nürnberg 1 und Streckenkarte,
Maschinenbaugesellschaft Heilbronn 1, MAN-Nürnberg 10,
Stadtarchiv Göppingen 1, Südzucker AG-Mannheim 2,
Archiv Gebr. Metz, Tübingen 132
Text Bernd Beck
ISBN 3-921580-78-1

Schwäbische Eisenbahn

Bilder von der Königlich Württembergischen Staatseisenbahn

Verlag Gebr. Metz, Tübingen
Text Bernd Beck

Inhalt

Einleitung

Es begann mit einer Postkarte. Sie zeigte eine Lokomotive der Klasse T3 der KWStE und war vom Metz Verlag in Tübingen herausgegeben worden. Dies regte in mir, begeisterter Hobbyeisenbahner, Viertelesschlotzer, Lokalpatriot (daher meine große Vorliebe für die KWStE) den Wunsch, das Archiv jenes Verlages zu sichten. Als es dann dazu kam, war ich von der Fülle des vorhandenen Materials beeindruckt, und zusammen mit Verlagsmitarbeitern entstand spontan die Idee, dieses Material in Buchform einem größeren Kreis zugänglich zu machen.

Gundlegende Werke über die KWStE wurden schon verschiedentlich veröffentlicht, jedoch lag bisher der Schwerpunkt bei den Texten, nicht bei den Photos.

Das reichhaltige Foto-Archiv des Metz Verlags zu Tübingen ermöglicht eine völlig andere Konzeption eines Buches über die KWStE.

Der vorliegende Bildband zeigt nicht nur Photos von der KWStE, sondern vor allem vom täglichen Eisenbahn-Betrieb, eingebettet in Landschaften, Dörfer und Städte, im beschaulichen Leben jener Zeit kurz nach der Jahrhundertwende.

Die Landschaftsaufnahmen aus dem Metz-Archiv wurden durch Fabrikaufnahmen aus den Archiven der Firmen MAN, Nürnberg, Maschinenbaugesellschaft Heilbronn und den Resten des ehemaligen Archives der Maschinenfabrik Esslingen, heute Daimler Benz AG ergänzt.

An dieser Stelle möchte ich sämtlichen Mitarbeitern der Archive und der Firma Metz, die mich tatkräftig unterstützten und ohne die dieses Buch nicht möglich gewesen wäre, recht herzlich danken. Besonderer Dank gilt auch meiner Gattin, ohne deren Schreibmaschinenkünste und aufmunternde Worte alles viel schwerer gewesen wäre.

Geschichte der Königlich württembergischen Staatseisenbahnen

Am 22. Oktober 1845 wurde die erste Strecke der Königlich Württembergischen Staats-Eisenbahnen, kurz KWStE genannt, eröffnet. Vorangegangen waren mehr als 20 Jahre dauernde Diskussionen, Prüfungen, Kommissionen, finanzielle und technische Planungen, Gutachten und Gegengutachten. Ab 1842 nahm jedoch der Württembergische Staat den Eisenbahnbau allein in die Hände. Im Juni 1844 erfolgte der erste Spatenstich, und nun entstand in wenigen Jahren ein Netz von Eisenbahnlinien, das die wichtigsten Städte des Königreichs miteinander verband. Schon 1850 war eine durchgehende Strecke von Friedrichshafen am Bodensee über Ulm und Stuttgart nach Heilbronn gebaut. Die Streckenlänge betrug 248 km. Das württembergische Hügelland hatte es den Bahnbauern nicht einfach gemacht, eine große Zahl von Brücken und Tunnels hatte erbaut werden müssen. Besondere Schwierigkeiten bereitete der Aufstieg vom Neckar- und Filstal auf die Höhe der Schwäbischen Alb. Zwischen den beiden Ortschaften Geislingen und Amstetten entstand eine 22,5 ‰ geneigte Steilrampe, die von Anfang an der Prüfstein für die württembergischen Lokkonstruktionen war. Schwere Züge mußten zum Teil mit vier Lokomotiven, zwei zogen vorne, zwei schoben von hinten, über die berüchtigte Geislinger Steige befördert werden.

Bis in die achtziger Jahre waren sämtliche Hauptbahnen fertiggestellt, jetzt wurde das Streckennetz durch zahlreiche Nebenbahnen ergänzt. Einige dieser Nebenbahnen wurden als besonders kostengünstige Schmalspurbahnen erstellt, zum Teil wurden Bau und Betrieb dieser Nebenbahnen auch Privatgesellschaften überlassen. Diese ergänzten nun das Staatsbahnnetz an den Stellen, wo der Bahnbau dem Staat nicht rentabel genug erschien.
Als nach dem verlorenen Weltkrieg 1920 die KWStE in die neugegründete Deutsche Reichsbahn aufging, war das Streckennetz der Staatsbahnen auf 2153 km angewachsen, außerdem waren noch 346 km Privatbahnstrecken in Betrieb.
In der Bahntechnik ließ sich die KWStE anfänglich nicht wie ihre Nachbarn von England, sondern von Amerika beeinflussen. Die ersten Loks und Wagen entstanden in Amerika, weitere wurden nach amerikanischen Bauprinzipien nachgebaut. Dies bedeutete, daß die Lokomotiven mit einem führenden Drehgestell ausgerüstet waren und auch die Wagen alle vierachsig - "achträdrig" hieß das im damaligen Sprachgebrauch -

ausgeführt waren. Die Personenwagen hatten an jedem Ende einen Zugang zum großen Innenraum. Zug und Stoßkräfte wurden vom Kuppeleisen aufgenommen. Seitenpuffer gab es an württembergischen Fahrzeugen ursprünglich nicht. Damit war ein Übergang der württembergischen Fahrzeuge auf andere Bahnnetze nicht möglich. Daher ging auch die KWStE nach kurzer Zeit zu Seitenpuffern und Kupplung durch Ketten, wie die Nachbarbahnen, über. Im übrigen behielt man das "amerikanische" System bis 1865 bei.
Im Jahre 1865 trat ein neuer Obermaschinenmeister, Heinrich Brockmann, in den Dienst der KWStE. Dieser kam aus Norddeutschland, wo nur Maschinen des "englischen" Systems bekannt waren. Dies waren steifachsige Maschinen ohne Drehgestelle. In der Folge wurden auch bei der KWStE nur noch drehgestellose Loks beschafft und die vorhandenen Maschinen umgebaut.
Diese Lokumbauten entwickelten sich zu einer "Spezialität" der KWStE. Entsprach eine Lokomotive nicht mehr den Anforderungen, wurde sie in den bahneigenen Werkstätten umgebaut. Oftmals wurde eine Lokomotive mehrmals nacheinander umgebaut, so daß auch ganz alte Maschinen aus der Anfangszeit in umgebauter Form bis zum 1. Weltkrieg erhalten blieben. So war z.B. die Lokomotive "Schwarzwald", Baujahr 1852, bis ins Jahr 1929 in Dienst.
Der nächste Maschinenmeister der KWStE war Adolf Klose, bei der KWStE von 1885 bis 1896 in Dienst. Unter seiner Regie wurden bei der KWStE erstmals Verbundlokomotiven und Zahnradlokomotiven in Dienst gestellt. Klose entwickelte auch ein Triebwerk, das es ermöglichte, angetriebene Lokachsen in die Kurven hineinzuschwenken. Dazu mußten die Treibstangen an der Kurvenaußenseite verlängert, innen jedoch verkürzt werden. Klose erreichte dies durch eine vielteilige, jedoch gut funktionierende Parallelogrammkonstruktion. Neben verschiedenen drei- und vierachsigen Lokomotiven wurde mit diesem Klose-Antrieb auch eine fünffach gekuppelte Güterzuglok gebaut. Diese "Elephantenloks" der Klasse G entstanden 1892 in 5 Exemplaren.
Klose folgte Eugen Kittel als Oberingenieur der KWStE. Unter seiner Regie wurde wieder das führende Drehgestell bei Schnellzuglokomotiven sowie der Heißdampf eingeführt. Es erfolgten auch Experimente mit neuen Antriebsarten, wie Benzin- und Akkumulatortriebwagen. Bemerkenswert sind die Schnellzuglokomotive Klasse C und die schwere Güterzuglok Klasse K, der einzige deutsche Sechskuppler. Neben diesen

und anderen modernen Konstruktionen mußte die KWStE jedoch noch bis zum Schluß in großer Zahl die alten, kleinen, zum Teil mehrfach umgebauten Lokomotiven aus dem vorigen Jahrhundert einsetzen. Anfänglich gab es in Württemberg 3 Wagenklassen, erst am 1. Oktober 1906 ist, auf Druck von Preußen, die 4. Wagenklasse eingeführt worden. Dies geschah im Vorfeld der am 1. Mai 1907 vorgenommenen Tarifreform, die die Tarife der Länderbahnen im Kaiserreich anglich. Zuerst wurden einfach ältere 3. Klassewagen in die 4. Klasse zurückgestuft, bald wurden jedoch in großer Zahl 4. Klassewagen gebaut, die jedoch auch eine komplette Sitzausstattung hatten. "Stehwagen" hat es in Württemberg nie gegeben.
Bei den Güterwagen wurden nach den "amerikanischen" Vierachsern nach 1865 kleine Zweiachser eingeführt, die Entwicklung der württembergischen Güterwagen verlief danach ähnlich wie bei den Nachbarbahnen. Mit der Gründung des Deutschen Staatsbahnwagenverbandes im Jahre 1909 endete die eigenständige Entwicklung von württembergischen Güterwagenbauarten, es wurden nur noch Wagen nach den Musterblättern des Verbandes beschafft.

Für das Jahr 1914 gibt der Verwaltungsbericht der Königlich Württembergischen Verkehrsanstalten für die KWStE folgende Zahlen an:

Streckenlänge	*2103*	*km*
Stationen	*639*	
Lokomotiven	*855*	
Triebwagen	*17*	
Personenwagen	*2394*	
Gepäckwagen	*599*	
Postwagen	*161*	
Güterwagen	*14312*	
Bahndienstwagen	*253*	

Triebfahrzeuge

Die alten Amerikanerlokomotiven der Klasse A entstanden 1854-60. Sie hatten einen Treibraddurchmesser von 1842 mm, den größten, den je eine württembergische Lok hatte. In der Ära Brockmann wurden sie sofort in steifrahmige 1B Lokomotiven, Klasse B und B2 umgebaut und erlebten so noch die Jahrhundertwende. Die abgebildete Heidelberg Nr. 61 wurde 1855 von der Maschinenfabrik Esslingen (ME) erbaut, 1868 zur 1B Lok Klasse B2 in der Königlichen Lokomotivwerkstätte Esslingen umgebaut und 1904 ausgemustert.

Unter Obermaschinenmeister Brockmann wurden 1878 erstmals 10 Stück der Loks Klasse A (neu), einer Steifrahmen-Schnellzuglok, beschafft. 1888 und 1891 entstanden unter Brockmanns Nachfolger Klose nochmals 13 Maschinen. Die abgebildete A Nr. 325 gehört zur ersten Serie von 1878.

In den Jahren 1893 bis 1902 wurden insgesamt 16 Lokomotiven der Klasse Ab aus älteren Loks umgebaut. Für Schnellzuglokomotiven ist der Treibraddurchmesser mit 1530 mm sehr klein, daher dürften diese Maschinen vornehmlich im Personenzugdienst eingesetzt worden sein.

Kurz vor der Jahrhundertwende entstand 1899 wieder eine 2'B Schnellzuglokomotive. Sie wurde als Naßdampfmaschine AD und ab 1907 als Heißdampflok ADh in insgesamt 105 Exemplaren gebaut. Aber auch mit diesen Maschinen waren die immer länger und schwerer werdenden D-Züge nicht ohne Vorspann zu bewältigen. Hier steht die AD 1506 im Schuppen, beeindruckend ist der große Niederdruckzylinder dieser Maschine.

Dieselbe Lok 1506 steht hier vor dem Tübinger Lokschuppen. Die Maschine war 1904 bei der ME gebaut worden und wurde noch vor 1925 ausgemustert.

Die schweren 1B-Personenzugloks waren bei der KWStE als Klasse B bezeichnet worden. Ab 1868 entstanden 86 neue Loks dieser Klasse bei der ME und 15 aus alten Amerikanerlokomotiven umgebaute Exemplare. Die abgebildete “Wetzlar” war eine Neubaulok, Baujahr 1875, die 1896 zur Klasse Ab umgebaut wurde.

Die Lokomotive B3 Ditzingen war schon 1856 als Lok Rems Betr. Nr. 6 Klasse VII erbaut worden. Als 1858 die Lokklassen nicht mehr mit Zahlen, sondern mit Buchstaben unterschieden wurden, wurde sie als Klasse D bezeichnet. 1879 wurde sie zur B3 umgebaut und 1896 in Ditzingen umbenannt. Hier steht sie auf der Drehscheibe des alten Stuttgarter Bahnhofs.

Der Stolz der KWStE war die Schnellzuglok Klasse C. Diese Lok wurde erstmals 1909 von der ME gebaut. Insgesamt entstanden 41 Exemplare dieser Maschinen, mit denen endlich die internationalen Schnellzüge, unter anderem der Orient Express, ohne Vorspann zu bewältigen waren. Im Laufe der langen Beschaffungszeit gab es verschiedene Änderungen. Im obigen Bild ist die 2007 als Vertreterin der ersten Serien mit rundem Führerhausdach und kleinem $20m^3$ Tender zu sehen.

Die 4000. Lokomotive der ME mußte auch eine C sein. So wurde die letzte Lok dieser Reihe C 2041 mit der Fabriknr. 4000 belegt, obwohl dies eigentlich eine Tn gewesen wäre. Die Lok hat das gerade Führerhaus, den großen 30m[3] Tender und den auf dem linken Umlauf liegenden Vorwärmer der letzten Serien.

Eine C der letzten Serien in der Lackierhalle. Deutlich ist die glänzende Kesselverkleidung und der dunklere Kamin zu sehen. Im Hintergrund 3 gedeckte Güterwagen nach Musterblatt A2 des Staatsbahnwagenverbandes. Solche Wagen wurden in großer Zahl von allen Deutschen Eisenbahnverwaltungen beschafft. Sie unterschieden sich nur in den Anschriften.

Als Klasse D wurden ursprünglich leichte Personenzugloks der Amerikanerbauart bezeichnet. Die abgebildete Lok D Nr. 9 (Ersatzbelegung für inzwischen verkaufte Kessler Lok) hieß im Betrieb nicht Esslingen, sondern Cannstatt. Das falsche Namensschild trug sie nur auf dem Fabrikfoto ihrer Herstellerfirma ME 1864. 1875 wurde sie zur Tenderlok T4a umgebaut und erst 1911 ausgemustert.

Um die Jahrhundertwende war mit den vorhandenen zweifach gekuppelten Schnellzuglokomotiven der Betrieb auf den steigungsreichen württembergischen Strecken nur noch mit Vorspann möglich. Ab 1898 wurde die dringend benötigte dreifach gekuppelte Schnellzuglok als Klasse D (neu) beschafft. Bis 1905 entstanden 14 dieser Vierzylinder-Verbundloks, die allerdings nur vorübergehend das Bespannungsproblem für Schnellzüge lösten. Die endgültig befriedigenden Lokomotiven waren die Lokomotiven der Klasse C.

Eine der wenigen Lokomotiven der KWStE, die nicht von der ME geliefert wurden, waren die 10 Loks der Klasse E. Sie wurden wegen Lieferengpässen der ME 1892 von der Firma Cockerill in Belgien bezogen. Sie erhielten alle Namen europäischer Hauptstädte.

Die ersten Lokomotiven der Klasse F entstanden im Jahre 1864. Die Konstruktion dieser Loks wurde laufend weiterentwickelt und verbessert. Es entstanden auch Varianten mit Verbundtriebwerk (Fc) und Klosetriebwerk (F1, F1c). Insgesamt entstanden für die KWStE 263 dieser Dreikuppler. Mit diesen Lokomotiven, z.T. in Mehrfachbespannung, wurde bis in den ersten Weltkrieg hinein der größte Teil des Güterzugdienstes bewältigt. Die abgebildete F 136 Schramberg war 1865 von der ME gebaut worden und wurde 1895 zur F2 umgebaut.

Die Fc Lok Nr. 676 hängt hier am Kran in der Hauptwerkstätte Esslingen. Die Fc Maschinen waren die Verbundausführung der württembergischen Dreikuppler-Güterzugloks. Der kurze Achsstand erlaubte nur eine Höchstgeschwindigkeit von 45 Stundenkilometer.

Dieselbe Lok Nr. 676 steht hier in Bretten auf der Drehscheibe und wird vom Heizer gedreht. Die 1898 gebaute Maschine war zur Zeit der Aufnahme gerade 4 Jahre alt.

Beim Bauzugdienst auf der Geislinger Steige war 1911 die Fc Nr. 679 eingesetzt. Im Gegensatz zu den bisher abgebildeten Maschinen hat diese einen dreiachsigen Tender erhalten. Im Hintergrund zieht eine C ihren Schnellzug bergwärts.

In den Jahren 1895 - 99 wurden 12 Gemischtzuglokomotiven Klasse B3 zu 1'C Güterzuglokomotiven umgebaut. Es waren in Deutschland die einzigen Loks dieser Achsfolge mit vorderem Zylinderüberhang. Der Lebenslauf der abgebildeten Fb Nr. 102 "Ellwangen" begann 1860. Damals entstand sie als 2'B Amerikanerlok der Klasse D bei der Maschinenfabrik Esslingen unter der Fabriknr. 523. 1877 wurde diese von der Hauptwerkstätte Aalen zur steifrahmigen 1B Gemischtzuglok Klasse B3 umgebaut, Aalener Fabriknummer 19. 1896 erfolgte schließlich der eben erwähnte Umbau zur 1'C Lok Klasse Fb, und zwar in der Hauptwerkstätte Rottweil, Fabriknr. 27.
Erst zwischen 1920 und 1925 wurden sie mit ihren 11 Schwestermaschinen ausgemustert.

Eine weitere Fb ist hier im Personenzugdienst eingesetzt. Diese Lok 45 Baden geht auf eine 1852 gebaute Lok der Klasse III zurück. Sie hat, anders als die Ellwangen, den klassischen württembergischen 2achs-Tender.

Kurz nach der Jahrhundertwende war die Zugförderung der KWStE wieder in einer schwierigen Situation. Die immer länger und schwerer werdenden Güterzüge konnten mit den zahlreich vorhandenen Zwei- und Dreikupplern nicht mehr ohne Vorspann befördert werden, von den fünfachsigen Kloselokomotiven der Klasse G waren mit 5 Stück zu wenig vorhanden. Man war zur Beschaffung einer neuen fünfachsigen Güterzuglok gezwungen. Es entstand ab 1905 die Gattung H in 8 und ab 1909 die Heißdampfausführung Hh in 26 Stück. Die abgebildete H 811 war die allererste Lok dieser Serie.

Hatte man mit der C die Zugförderung im Schnellzugdienst endlich im Griff, mußte der Güterzugdienst sich weiter mit den zu wenigen und zu schwachen Fünfkupplern behelfen. Nachdem vom Verein Deutscher Eisenbahn-Verwaltungen 1913 stärkere Zugvorrichtungen mit 21 t Zugkraft eingeführt wurden, entschloß sich die KWStE, nun das Problem der Güterzugförderung aus der Welt zu schaffen. So entstand die Lokklasse K, Deutschlands einziger Sechskuppler. Von 1917 bis 1924 entstanden beim Hauslieferanten ME insgesamt 44 Loks, die vor schweren Güterzügen eingesetzt wurden. Die 15. Lok dieser Serie steht hier auf einer elektrischen Schiebebühne.

Das Triebwerk einer Lok der Klasse K ist hier im Bau. Die K war die stärkste Güterzuglok Mitteleuropas. Ihre Leistung von fast 2000 PS wurde erst 10 Jahre später von anderen Maschinen erreicht.

Neben den Lieferungen der K wurden von der KWStE ab 1919 auch Lokomotiven nach dem Vorbild der preußischen G 12 beschafft. Die württembergischen Loks unterschieden sich jedoch in den Kesselaufbauten, sie hatten Dampfdom und zwei Sanddome unter einer gemeinsamen Verkleidung und sahen so eleganter aus als ihre preußischen Schwestern.

Die erste Privatbahn Württembergs war die Kirchheimer Eisenbahn. Sie wurde 1864 eröffnet und führte von Unterboihingen nach Kirchheim/Teck. Als sie 1899 verstaatlicht wurde, kam mit allen übrigen Betriebsmitteln auch die Lokomotive Teck zur KWStE. Sie wurden als Klasse Tk bezeichnet.

In insgesamt 110 Exemplaren waren bei der KWStE die kleinen Tenderlokomotiven der Klasse T3 beschafft worden. Sie wurden im Verschiebedienst und auf Nebenbahnen eingesetzt. Neben der Maschinenfabrik Esslingen lieferte auch die Maschinenbaugesellschaft Heilbronn eine größere Anzahl dieser Loks, so auch die abgebildete Maschine 943, die 1902 gebaut wurde. Für das Foto wurde sie besonders liebevoll bemalt, auf Fotos vom Einsatz der Lokomotiven bei der KWStE waren bisher keine Zierstreifen auf Wasserkästen und Führerhäusern zu sehen.

Einer der gelungensten Lokentwürfe der KWStE war die Klasse T5. Diese formschöne Tenderlok hatte auch bei der zugelassenen Höchstgeschwindigkeit von 80 Stundenkilometern einen sehr ruhigen Lauf, so daß sie auch vor Schnellzügen eingesetzt werden konnte. Diese Mehrzwecklokomotive war bald in ganz Württemberg verbreitet. Die abgebildete Lok 1205 stammt aus der ersten Serie von 1910.

Mit der Klasse T5 waren die KWStE so zufrieden, daß von 1910 bis 1920 insgesamt 96 Maschinen gebaut wurden. Dabei gab es auch Bauartunterschiede. Der Dampfdom war bei den ersten Serien vorne, ab der Lok 1217 wechselte er nach hinten, jetzt war der kleinere Sanddom vorne. Ab der Lok 1256 wurde der Kohlenaufsatz geändert. Die abgebildete Lok 1280 verdeutlicht im Vergleich zu der 1205 die Veränderungen. Bei den späteren Lokomotiven waren auch die roten Zierlinien auf den Wasserkästen entfallen.

Am Ende der KWStE-Zeit entstanden 1921 und 22 noch die Lokomotiven der Klasse Tn. Mit einer Achslast von nur 13 t und ihren 5 Treibachsen waren sie sowohl für Nebenbahnen als auch Rangierdienste bestens geeignet. Ihre württembergischen Bahnnummern 1001 bis 1030 haben sie aber nicht mehr lange getragen, sie wurden 1925 in die Reichsbahnbaureihe 94 eingeordnet.

Neben ihren eigenen formschönen Lokentwürfen beschaffte die KWStE auch einige Lokomotiven preußischer Baureihen. Die ersten dieser württembergischen Preußen waren die 10 Loks der Klasse T9, die 1906 und 1907 von der ME geliefert wurden.

Nach dem Muster der preußischen T14^{1} beschaffte die KWStE 1921 von der ME 20 Maschinen der Klasse T14.

Schon früh versuchte man bei der KWStE, den Nahverkehr auf Nebenbahnen kostengünstig abzuwickeln. Es entstanden Akkumulator-, Benzinmotor- und Dampftriebwagen. Letztere erzielten damals die besten Ergebnisse, so daß diese Fahrzeuge nachbeschafft wurden. Es entstanden insgesamt 18 Dampftriebwagen, von denen einige noch zur Deutschen Bundesbahn kamen.

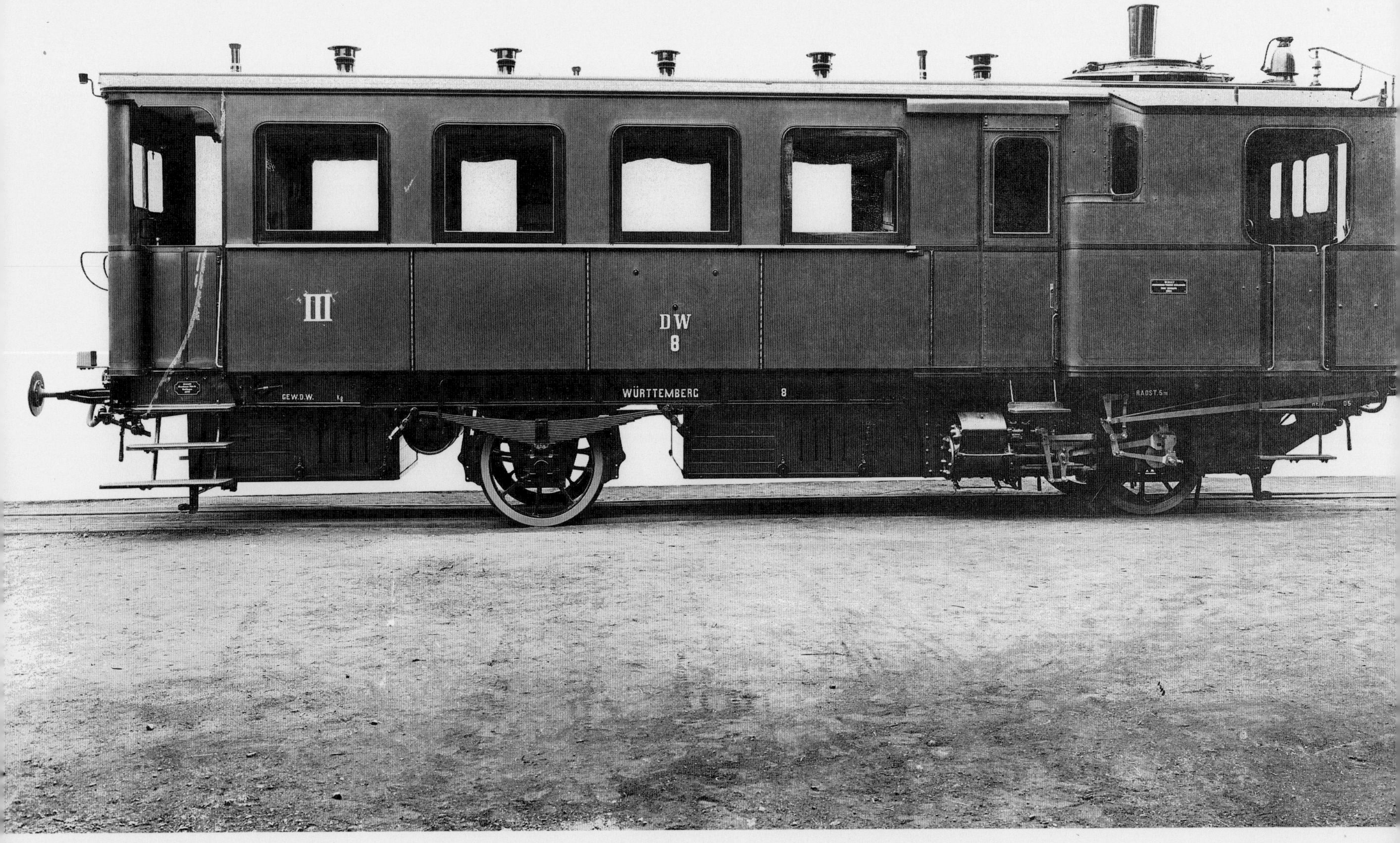

Personenwagen

In der Anfangszeit wurden von der KWStE nur vierachsige Durchgangswagen, sogenannte Amerikanerwagen, beschafft. Erst ab 1862 wurden auch Zweiachser gebaut. Nach einigen wenigen Abteilwagen blieb man bei den Durchgangswagen. Der A 142 ist ein Beispiel für den Wagenbau jener Zeit. Dieser gemischte 1./2. Klassewagen wurde 1878 bei der MAN in Nürnberg beschafft.

Aus der gleichen Zeit stammt der E 274. Dieses Fahrzeug wurde 1879 bei der Maschinenfabrik Esslingen als 3.Klassewagen gebaut. Er hat schon die später in Württemberg verbreitete Außenverkleidung mit schmalen Holzlatten (Dachlattenwagen). Das Bild zeigt den Wagen nach der Umstufung in die 4. Klasse bei der Ausfahrt aus dem Bahnhof Waiblingen. Die 4. Klasse wurde in Süddeutschland erst 1906 auf Druck Preußens eingeführt.

Eine ganze Zuggarnitur Württemberger Wagen auf einem Bild. Der E 232 ist von der gleichen Bauart wie der E 274, jedoch 2 Jahre älter. Nach dem gedeckten Güterwagen ein vierachsiger Durchgangswagen von 1902. Diese Wagen liefen üblicherweise in Eilzügen. Davor einer der seltenen Abteilwagen.

Der gleiche Zug von der anderen Seite. Hinter der Fb-Lok also einer der Abteilwagen von 1892. In diesen Jahren entstanden nochmals 73 Abteilwagen, diese konnten sich jedoch beim württembergischen Bahnpublikum nicht durchsetzen, und so wurden von da an nur noch Durchgangswagen gebaut.

Die alten Amerikanerwagen der Baujahre 1845-65 wurden kurz vor der Jahrhundertwende in verschiedenen Formen umgebaut. Dabei wurden sie äußerlich und innerlich den modernen Konstruktionen angepaßt. Man hat den Eindruck, daß diese Rekonstruktionen von damals vom Umfang her fast Neubauten waren.

CARL KUNKELE

Nächste Baustufe waren bei den Zweiachsern die Fahrzeuge mit Doppelfenstern und Lattenverkleidung. Diese beiden Fahrzeuge entstammen einer Serie von 120 Stück, die von 1891 bis 1893 entstanden ist.

Auf der Schiebebühne steht hier der typische württembergische Eilzugwagen, der vierachsige Durchgangswagen mit offenen Endbühnen. Von der abgebildeten Ausführung als Drittklassfahrzeug entstanden von 1902 bis 1906 insgesamt 85 Exemplare.

Hier steht wieder eine Zuggarnitur auf dem Abstellgleis. Hinten sind zwei der Eilzugwagen von 1902 zu sehen, vorne einer der kleinen drittklassigen Wagen der Gattung E. Dazwischen steht ein dreiachsiger Gepäckwagen der Baujahre 1900-1910. Insgesamt 115 Exemplare sind von dieser Bauart beschafft worden.

BCi
4659
Raucher
2
Nichtraucher
Nichtraucher
Raucher
3

Ci
6517
3
Ci
6517
Raucher
3
3
W. 1836 a

Die letzte Entwicklung der württembergischen Personenwagen waren die berühmten Doppelwagen für den Vorortverkehr. Je zwei Wagen waren fest aneinandergekuppelt, jeder Wagen hatte 8 Türen, je zwei an den geschlossenen Endbühnen und vier in Wagenmitte. Somit war ein schneller Fahrgastfluß gewährleistet. Die 346 Wagen der Baujahre 1920 bis 1922 bewährten sich so gut, daß die Reichsbahn diese später nachbauen ließ.

Die letzten Ausführungen der württembergischen zweiachsigen Personenwagen sahen so aus wie dieser gemischte 2./3.Klassewagen: langer Achsstand, Blechbeplankung, Tonnendach mit eingezogenen Enden. Ab 1914 wurden Wagen in dieser Form gebaut.

Die entsprechende Ausführung als reiner Drittklasswagen zeigt das Bild des Ci 6517.

Für die neue Zuggattung der D-Züge, das waren Züge, die aus Wagen mit gedeckten Übergängen (sogenannten Faltenbälgen) gebildet waren, beschaffte die KWStE ab 1895 vierachsige Wagen. Der abgebildete ABCCü entstand 1901. Es war ein Wagen mit Abteilen erster, zweiter und dritter Klasse in der alten Ausführung mit Doppelfenstern.

Ebenfalls einen ABCCü, jedoch in der neuen Bauform zeigt dieses Bild. Neben den Bauunterschieden fällt auch die vom vorigen Wagen völlig abweichende Beschriftung auf. Klassenziffern waren jetzt arabisch, die Wagennummer auf einem Schild am Dachrand, die Anordnung der Anschriften am Längsträger abweichend usw., alles Änderungen, die mit der Tarifreform vom 1. Mai 1907 gekommen waren.

Ein wichtiger Wagen im Zug war damals der Postwagen. Die Eisenbahn war ja das einzige Verkehrsmittel, mit dem Postsendungen schnell und sicher transportiert werden konnten. Daher war fast in jeden Personenzug der damaligen Zeit ein Postwagen eingestellt. Zu den ältesten Postwagen gehört der abgebildete P 21. Diese Wagen waren mit Doppelfedern abgefedert, damit die Postbeamten während der Fahrt ungestört arbeiten konnten.

Später ging man zu der vom P 142 vertretenen Bauform über. Stets hatten die Wagen der K.württ. Post jedoch Schiebetüren, nicht Klapptüren, wie die Wagen der bayerischen oder der Reichspost. Der P 142 wurde 1905 gebaut.

Im Jahre 1896 entstand bei MAN in Nürnberg der P 102. Er entstammt einer Serie von 15 Fahrzeugen, die noch eine Bremserbühne und nicht das später verbreitete hochliegende Bremserhaus hatten.

Später wurden von der KWStE für schnellfahrende Züge auch vierachsige Bahnpostwagen beschafft. 1910 geben sich in Ulm bayerische und württembergische Bahnpostwagen ein Stelldichein.

Güterwagen

Die ersten Güterwagen der KWStE waren vierachsige offene und gedeckte Güterwagen mit zwei offenen Endbühnen. Diese Fahrzeuge, noch mit hölzernen Rahmen und Drehgestellen, fanden zuletzt als Werkstatt- und Magazinwagen Verwendung und waren so bis in die zwanziger Jahre dieses Jahrhunderts vorhanden. Auch als man bei der KWStE vom Vierachser zum Zweiachser überging, wurde zunächst die Bauform mit 2 offenen Endbühnen beibehalten, zuerst mit äußerer Holzbeplankung, wie der abgebildete H 3259, der 1869 von der MAN geliefert worden war, später in der noch heute üblichen Form mit horizontalen Brettern und äußeren Streben.

Nach verschiedenen aus diesen Wagen entwickelten Zwischenformen mit nur einer Bühne wurde eine neue Bauform entwickelt und in einer kurzen (H 17 348) und in einer langen Ausführung (HS 19 379) in großer Zahl beschafft. Typisch württembergische Merkmale waren die metallbeplankten Schiebetüren, die großen und formschönen Lüftungsöffnungen sowie die Schlußscheibenhalter auf dem Dach.

Die Privatbahnen mußten entsprechend ihres Güteraufkommens Güterwagen in den Bestand der Staatsbahnen einstellen. Die Württembergische Eisenbahngesellschaft in Stuttgart beschaffte daher 1905 diesen großräumigen gedeckten Wagen bei der MAN. Er ähnelt mehr den bayrischen Wagen dieser Zeit, wie der Vergleich mit dem württembergischen HS zeigt.

Sämtliche Güterwagen wurden nach der Jahrhundertwende umgezeichnet, so wurden die langen gedeckten Güterwagen HS künftig Gml (G- gedeckter Güterwagen, m - mehr als 10, nämlich 15t Ladegewicht, l - länger als 7 m Ladelänge), dieser neue Bezeichnungsschlüssel galt bei allen Bahnverwaltungen in Deutschland. Das obige Bild zeigt einen dieser ehemaligen HS nunmehr als Gml auf 2 Rollböcken. Mit diesen Rollböcken konnten Normalspurgüterwagen auf Schmalspurbahnen transportiert werden, so daß man ein Umladen einsparte.
Mit der Gründung des Staatsbahnwagenverbandes endigte die eigenständige Beschaffung von Güterwagen durch die KWStE.

Bei den offenen Güterwagen verlief die Entwicklung wie bei den gedeckten. Vierachsigen und zweiachsigen Wagen mit je 2 Endbühnen folgten kurze Zweiachser mit einer Bremsbühne, wie dieser J 1591 von 1869.

Der Schlußpunkt der Entwicklung der württembergischen offenen Güterwagen waren die 928 Wagen der Gattung Omlq. Sie wurden von 1908 bis 1911, also auch nach der Gründung des Staatsbahnwagenverbandes, gebaut. Unter den Lieferanten war auch die MAN, die den abgebildeten Wagen 40300 im Jahre 1908 lieferte.

Die Firma Otto in Unterboihingen beschaffte diesen kleinen, offenen Güterwagen offensichtlich für internen Werksverkehr, da keine bahnamtlichen Anschriften vorhanden sind. Lieferant war die Maschinenfabrik Esslingen.

Zum Transport von Hölzern, Heu sowie sperrigen Gegenständen aller Art hatten die KWStE Rungenwagen im Bestand. Sechs dieser Fahrzeuge stehen hier in der Lackierhalle der Maschinenfabrik Esslingen. Sie entsprechen der Verbandsbauart.

Die Betriebsmittel für die Schmalspurbahnen der KWStE wurden ebenfalls bei der ME beschafft. Für den Transport vom Werk zu den Bahnen, aber auch von den Bahnen zu den Werkstätten, standen "Schmalspurtransporteure" zur Verfügung. Das waren 4achsige Wagen, die anstelle einer Ladefläche Gleise für 1000 mm und/oder 750 mm Spur besaßen. Zwei dieser Wagen stehen hier mit neuen Schmalspurwagen im Hof der Maschinenfabrik Esslingen. Für Prospektzwecke wurde der Hintergrund um den vorderen Wagen wegretouchiert.

Einen Spezialwagen zum Eichen von Gleiswagen, damals als “Tarierwagen” bezeichnet, zeigt das Foto.

Die Güterzüge bestanden zur Länderbahnzeit fast ausschließlich aus gedeckten und offenen Standardwagen. Kesselwagen, Kühlwagen und andere Spezialwagen, die heute das Bild der Güterzüge prägen, waren damals absolut selten. Im Bestand von 1911 waren bei der KWStE von insgesamt 11 089 Wagen, 87 Kesselwagen und 77 Bierkühlwagen. Beladen wurden letzere hauptsächlich in Personenzüge eingestellt. Einer war der abgebildete Wagen der "Vereinigten Brauereien Stuttgart - Tübingen".

Auch die Leibinger Brauerei in Ravensburg benutzte einen eigenen Bierwagen, um ihre Produkte zu transportieren. Neben den für Personenzüge geeigneten Bremsen mußten diese Fahrzeuge auch mit Laufbrettern und Handgriffen an den Seiten ausgerüstet sein. Diese sollten den Zugschaffnern den Übergang entlang der Bierwagen während der Fahrt ermöglichen.

Im Gegensatz zu den zahlreich vorhandenen Bierwagen gab es kaum Weintransportwagen bei den KWStE. Wahrscheinlich wurde auch damals schon der köstliche Trollinger an Ort und Stelle getrunken. Einer der wenigen Faßwagen der KWStE steht auf obigem Photo vor der Maschinenfabrik Esslingen in Mettingen, links steht offensichtlich ein zweiter Wagen dieses Typs.

Mitten im Krieg wurde dieser Kesselwagen an die Firma Zeller und Gmelin in Eislingen geliefert. Er weicht durch den durchgehenden Kesselsattel von der damals üblichen Bauform ab. Die Firma Zeller und Gmelin hatte übrigens 21 Kesselwagen in den Bestand der KWStE eingereiht und war somit der zahlenmäßig stärkste Einsteller bei der KWStE.

Dieser hellgraue Kesselwagen gehörte der Firma Burck in Korntal bei Stuttgart. Damals waren bei Kesselwagen die Anstrichfarben grau oder schwarz für den Kessel vorgeschrieben.

Diese beiden Kesselwagen in der damaligen Standardbauweise wurden 1920 für die Firma Wizemann in Obertürkheim zum Transport von Pflanzenölen gebaut. Lieferant war die nahegelegene Maschinenfabrik Esslingen.

Schmalspurfahrzeuge

Für die Schmalspurlokomotiven wurden anfänglich Sonderkonstruktionen entwickelt, nämlich Lokomotiven mit Klose- oder Mallettriebwerk. Beim Klosetriebwerk wurden über ein aufwendiges Parallelgestänge die Kuppelstangen in Kurven verlängert bzw. verkürzt, so daß auch radialverschiebliche Achsen angetrieben werden konnten. Die abgebildete Lok "Beilstein", Klasse Tss4, hat ein solches Klosetriebwerk. Deutlich ist unter dem Namensschild das vielteilige Hebelwerk zu erkennen. Die Lok war auf der Strecke Marbach - Heilbronn Süd mit 750 mm Spurweite eingesetzt.

Die Personenwagen der Schmalspurbahnen waren zwei- oder vierachsig mit offenen Endbühnen, wie der abgebildete 3./4.Klassewagen für die 750 mm Strecken.

Ebenfalls 750 mm Spurweite hatte der kombinierte Post- und Gepäckwagen Nummer 151, der 1894 von der ME geliefert wurde.

Für die Strecke von Nagold nach Altensteig im Schwarzwald wurde dieser Drehschemelwagen gebaut. Diese Strecke war die erste Schmalspurbahn der KWStE und die einzige mit 1 m Spurweite. Alle folgenden hatten die 750 mm Spur.

Die Güterwagen der Schmalspurbahnen waren bis auf 3 Vierachser alle dreiachsig mit seitenverschiebbarer Mittelachse. Der abgebildete offene Wagen war für Strecken mit 750 mm Spur gebaut.

Bahnanlagen

In einem hügeligen Land wie in Württemberg mußten beim Bahnbau sehr viele Kunstbauten wie Brücken, Dämme und Tunnels erstellt werden. Sofern nicht Steinbrücken vorgezogen wurden, war die Maschinenfabrik Esslingen auch beim Brückenbau der Hauptlieferant.

Typisch für Württemberg waren die Signale mit dem sogenannten Zoresmast. Dieser bestand aus einem runden Rohr. Die Signalflügel waren zur Verringerung des Winddrucks durchbrochen und oben weiß, unten rot lackiert. Gut sichtbar ist hier auch die Kurvenscheibe, die über ein Gestänge den Flügel bewegt.

Bewegt wurde diese Kurvenscheibe über Drahtseile vom Stellwerk aus. Hier sieht man in das Innere eines Stellwerks um die Jahrhundertwende. Mit den Hebeln wurden die Signale und Weichen gestellt.

Weiche 21a
Einfahrt von Stuttgart Gl. 1p
Einfahrt von Gl. 1 auf Gl. 2p
Einfahrt von Stuttgart Gl. 2p
Ausfahrt von Gl. 1p nach Gl. 1
Ausfahrt von Gl. 2p nach Gl. 1
Ausfahrt nach Stuttgart Gl. 1p
Ausfahrt nach Stuttgart Gl. 2p
3735

In einigen Bahnhöfen, z.B. im neuen Rangierbahnhof in Ulm, wurden kurz nach der Jahrhundertwende elektromechanische Stellwerke eingebaut. Die Muskelkraft wurde durch Elektromotoren ersetzt, und der Weichensteller mußte nur noch die kleinen Hebel umlegen, um ein Signal oder eine Weiche zu stellen.

Maschinenfabrik Esslingen

Wie schon auf den vorangegangenen Seiten beschrieben, wurde der größte Teil des rollenden Materials der KWStE von der Maschinenfabrik Esslingen geliefert. Deren Fabrikhallen befanden sich ursprünglich zwischen dem Esslinger Bahnhof und dem Neckar. Die Zeichnung zeigt die Situation in der Mitte des vorigen Jahrhunderts.

Im Innern der Werkshallen ging es aber alles andere als romantisch zu. Hier entstanden durch harte körperliche Arbeit in Schmutz und Staub und unter heute kaum noch vorstellbaren sozialen Bedingungen die Lokomotiven und Wagen. Im Jahre 1914 arbeiteten 4500 Personen bei der ME.

Die ME belieferte nicht nur die KWStE. Zahlreiche Bahnen im In- und Ausland gehörten zu ihren Kunden. Für die Hohenzollerische Landesbahn entstanden 1911 zwei vierachsige Tenderlokomotiven.

Während des 1. Weltkrieges entstanden bei der ME eine große Zahl von sogenannten Brigadeloks, vierachsigen Tenderlokomotiven für 600 mm Spur, für die Heeresfeldbahnen.

Auch feuerlose Dampflokomotiven wurden von der ME gebaut. Bei diesen Loks wurde ein Tank als Druckspeicher benutzt und an einer stationären Kesselanlage mit heißem Dampf gefüllt. Damit konnte nun ein Triebwerk wie bei einer herkömmlichen Dampflokomotive gespeist werden, wobei die Zylinder meistens unter dem Führerhaus lagen. War der Druck im Tank zu niedrig, mußte wieder frischer Dampf aufgefüllt werden. Solche Lokomotiven wurden in feuergefährdeten Betrieben eingesetzt. Die abgebildete Lokomotive ging 1916 an die Dynamitfabrik in Opladen.

Diese elektrische Feldbahnlok entstand bei der ME für eine Ziegelgrube in Waiblingen

---

Als 1908 die Nebenstrecke von Ravensburg nach Weingarten auf elektrischen Betrieb umgestellt wurde, lieferte die ME die neuen Triebwagen. Diese Strecke wurde übrigens von der Lokalbahn AG in München betrieben.

Auch Wagen wurden ins Ausland geliefert, wie diese beiden Faßwagen für eine Karlsruher Firma. Sie waren bei der Großherzoglich Badischen Staatsbahn eingestellt.

3
Nichtraucher
3
3
2794

Deutsch-Koloniale
Gerb- u. Farbstoff Gesellschaft m. b. H.
Karlsruhe.
Baden
503802
Baden 503802

Die Firma Menzer in Neckargmünd bezog von der ME einen Faßwagen für Weintransporte. Bei diesem Fahrzeug waren die Fässer allerdings von einem Aufbau umgeben, der dem Wagen das Aussehen eines gedeckten Güterwagens gab.

Die Pfalzbahn gehörte auch zu den Kunden der ME. Eine größere Serie von offenen Güterwagen mit 200 Zentnern Tragkraft wurde 1870 in Esslingen gebaut.

Für Teer- und Erdöltransporte der kaiserlichen Marine lieferte die ME diesen Kesselwagen. Eingestellt war er bei der Direktion Altona der Königlich Preußischen Eisenbahn Verwaltungen, Heimatbahnhof war Brunsbüttelkoog.

Von Stuttgart an den Bodensee

Das Zentrum des württembergischen Eisenbahnnetzes war - natürlich - die Hauptstadt Stuttgart. Unweit vom Neuen Schloß, der Residenz des Königs, befand sich der Stuttgarter Bahnhof. Der Blick in die Schloßstraße, heute Bolzstraße, zeigt rege Betriebsamkeit vor dem Bahnhof (3. Gebäude auf der rechten Straßenseite). Neben Passanten und Fuhrwerken gab es schon eine elektrische Straßenbahnlinie. Im Jahr 1902, als das Photo entstand, streikten die Straßenbahner eine Woche lang für mehr Lohn, mehr Urlaub und bessere Bremsen!

Der Blick vom südlichen Talrand zeigt in Bildmitte die beiden parallelen, 230 m langen Bahnhofshallen. Eingepfercht ins Häusermeer der expandierenden Hauptstadt (1910: 286 218 Einwohner), konnte der Bahnhof den steigenden Verkehrsleistungen immer weniger genügen. Seit der Jahrhundertwende wurde ein neuer Bahnhof geplant, ab 1908 wurde mit dem Bau begonnen, und am 23. Oktober 1922 hatte der alte Stuttgarter Bahnhof ausgedient.

Im Jahre 1922 war die erste Hälfte des neuen Stuttgarter Bahnhofs soweit fertiggestellt, daß damit der Betrieb aufgenommen werden konnte. Die Gleise zum alten Bahnhof grenzten unmittelbar an den fertiggestellten Teil, und erst nach Abbau dieser Gleise konnte der neue Bahnhof fertiggestellt werden.

Einen Blick auf den Stuttgarter Güterbahnhof zeigt dieses Bild aus dem Jahre 1906. Allenthalben wird von der Eisenbahn zur "Feinverteilung" auf Pferdefuhrwerke umgeladen. Auf einem Gleis im Hintergrund stehen 5 Bierwagen.

Aus Blickrichtung Cannstatt noch einmal die Rosensteinbrücke und auf dem Hügel das Schloß Rosenstein, erbaut von 1823 bis 1829, unter dessen Mittelachse der Eisenbahntunnel lag. Beim Bau des Tunnels gab es große Schwierigkeiten: Im großen Wasserbassin im Schloß befand sich plötzlich kein Wasser mehr, im daruntergelegenen Tunnel allerdings umso mehr.
Der Richtung Stuttgart fahrende Zug führt zwischen Stückgut- und Postwagen als 2. Wagen im Zug einen Gefangenenwagen, jenen Vorläufer der "grünen Minna", mit dem Straftäter von und zu Gefängnissen transportiert wurden.

Zwischen Cannstatt und Stuttgart ist nicht nur ein Tunnel, wie es in dem Volkslied heißt, sondern auch der Neckar, der von der Eisenbahn auf der Rosensteinbrücke überquert wird. Der abgebildete Eilzug mit einer AD an der Spitze war für die damalige Phototechnik wohl zu schnell.

Abfahrbereit Richtung Stuttgart steht hier ein Zug im Bahnhof Cannstatt, geführt von der Lokomotive Nr. 402 "Stockholm" der Klasse E. Die 10 Lokomotiven dieser Klasse waren 1892 von Cockerill in Belgien beschafft worden.

Über die Bahnüberführung an der König-Karl-Straße in Cannstatt fährt ein, von Bewegungsunschärfe verwischter, Personenzug. Links ist im Vordergrund eine Lok der Klasse T4a, hinter dem Personenzug eine AD zu erkennen.

Vor den Toren Stuttgarts wurde in dem Wengerterdörfchen Untertürkheim ein großer Güterbahnhof angelegt, der die Vekehrslage im engen Stuttgarter Talkessel merklich entlastete. Der im Hintergrund sichtbare Württemberg mit der Grabkapelle Königin Katharinas gab dem Geschlecht und dem Land den Namen.

Viel Betrieb im Untertürkheimer Güterbahnhof herrscht hier 1907. Zwei Lokomotiven Klasse T3 rangieren, eine Fc zieht einen Güterzug, und an Güterwagen sieht man so ziemlich alles, was es damals auf Schienen gab. Zwischen Bahnanlagen und Neckar links die Vereinigten Seifenfabriken und rechts das neue Werk der Daimler Motoren Gesellschaft. Heute steht an dieser Stelle die Zentrale der Daimler Benz AG.

Mit vereinten Kräften ziehen hier 2 Lokomotiven einen Personenzug aus dem Personenbahnhof Untertürkheim. Zwischen Untertürkheim und Cannstatt war am 22. Oktober 1845 die erste Eisenbahn Württembergs eröffnet worden.

In den Zwanziger Jahren wurde oberhalb Untertürkheims der Lauf des Nackars geändert, davon profitierte auch die Eisenbahn, deren Geleise nun mehr in Talmitte verliefen.

Ein Güterzug mit einer Lokomotive der Klasse Fc passiert gleich den Bahnhof Obertürkheim. Um den Bahnhof und die Gleise haben sich zahlreiche Fabriken angesiedelt.

Eine Fortsetzung des vorigen Bildes aus dem Jahre 1907 in südöstlicher Richtung.

Der größte Teil des Rollmaterials der KWStE stammte von der Maschinenfabrik Esslingen. Diese war 1846 von Emil Kessler gegründet worden und befand sich zwischen dem Esslinger Bahnhof und dem Neckar. Solchermaßen eingeklemmt, behinderten sich Bahnhof und Maschinenfabrik gegenseitig. Daher bezog 1912 die ME ein neues Fabrikgelände vor den Toren Esslingens in Mettingen. Das Bild aus dem Jahr 1906 zeigt anschaulich die Enge der alten ME am Neckarufer.

Für die alten Fabrikfotos der ME bildete die ehemalige Reichsstadt Esslingen die Kulisse. Das Foto zeigt eine Lok aus einer Exportlieferung für Portugal. Im Hintergrund sind das Hauptpostamt und das Bahnhofsrestaurant zu sehen, ebenso der Turm der Frauenkirche.

Im Gegensatz zur heutigen Zeit waren damals die Bahnhofsrestaurationen und Bahnhofshotels oft die besten Häuser am Platze, so auch in Esslingen. Im Vordergrund ein Württembergisches Hauptsignal mit dem typischen runden Mast, dem sogenannten Zoresmast.

Außer der Maschinenfabrik und dem Bahnbetriebswerk gab es in Esslingen auch ein Ausbesserungswerk, das bis 1920 “Königliche Lokomotiv Werkstätte” hieß. Hier wurden Dampflokomotiven gewartet und repariert. Für zahlreiche Arbeiten mußten die Führerhäuser abgenommen werden, die hier im Freien gelagert sind. Der elektrische Bockkran gehörte 1912 zum Modernsten, was es auf diesem Gebiet gab.

Der Bahnhof in Plochingen galt als architektonisches Schaustück, war er doch 1907 in modernem Jugendstil erbaut worden. Ein für die württembergischen Lande außergewöhnlich starker Sturm beschädigte ihn recht nachhaltig, wie das Bild beweist. Zeitungsberichte, Postkarten und gaffende Menschenmassen: Es war eine Sensation ersten Ranges.

Im alten Stauferstädtchen Göppingen zweigen zwei Nebenbahnen von der Hauptstrecke ab: nach Schwäbisch Gmünd und nach Boll. Entsprechend viele Personenwagen samt Gaswagen für die Beleuchtung (unter dem Fußgängersteg) mußten bereitgehalten werden.

Hier noch ein Blick auf den Bahnhof Göppingen aus Richtung Stuttgart. Die Gleise im Vordergrund sind noch ziemlich neu verlegt, die helle Schotterfarbe deutet darauf hin.

1903 wurde von Geislingen aus die “Tälesbahn” nach Wiesensteig eröffnet. Für die Bauarbeiten, wie hier in Altenstadt, wurden schon Feldbahnen verwendet.

An der Endstation der Nebenstrecke Süssen - Weissenstein wartet das Zügle, bestehend aus T3, altem rekonstruiertem Amerikanerwagen von 1864 und Gepäckwagen auf die Abfahrt.

Am Fuße der Schwäbischen Alb liegt Geislingen. Hier beginnt die berühmt-berüchtigte Geislinger Steige, eine Steilrampe von ca. 6 km Länge und einer Maximalsteigung von 1:44,5, die schon immer der Prüfstein der württembergischen Lokomotiventwicklungen war. Vor dem wartenden Zug eine Lokomotive der Klasse F1c mit Klose Triebwerk.

Bis zur Einführung der Klasse K mußten die schweren Güterzüge immer in Doppelbespannung über die Steige gebracht werden. Hier mühen sich zwei Fc vor einem Güterzug im Sommer 1905 ab.

Der Zug wird von einer Lok Klasse F nachgeschoben. An dieser Stelle ist es nicht mehr weit bis Amstetten, und der Zug hat die Steige schon überwunden.

Ein wichtiger Bahnknotenpunkt der KWStE befindet sich in der alten Reichsstadt Ulm/Donau. Hier kommen die Strecken aus Stuttgart, Aalen, Augsburg, Friedrichshafen und Sigmaringen zusammen. Vor der Kulisse der Stadt und dem weltbekannten Ulmer Münster sehen wir hier einen Güterzug mit einer Fc, 2 rangierende T3 und zahlreiche württembergische und bayerische Personenwagen. Der Schuppen in Bildmitte, auf den der Bahnarbeiter zustrebt, entstand wohl aus einem der alten Amerikanergüterwagen der Gattung F von 1846.

Aus dem Hauptbahnhof Ulm Richtung Söflingen fährt diese Rangiergruppe mit einer T3. Zum Zeitpunkt der Aufnahme 1907 waren die Arbeiten im Gange, den Rangierbahnhof aus Platzgründen vom Hauptbahnhof auf ein neues Gelände Richtung Söflingen zu verlegen. Der neue Rangierbahnhof Ulm wurde 1911 eröffnet.

Über die Bahnhofsausfahrt Richtung Stuttgart führte diese prächtige Stahlbrücke, die dem Straßenverkehr diente.

Vom Ulmer Hauptbahnhof Richtung Süden ist dieser Güterzug soeben über die Donaubrücke gerumpelt. Zu sehen sind württembergische, preußische und bayerische Güterwagen.

Vor dem großen Gebäude der Königlich Württembergischen Post befand sich in Biberach die Drehscheibe. Hier konnten mit Muskelkraft, deutlich sind die beiden Holzbalken zu sehen, die Lokomotiven gedreht werden.

Südlich von Ulm liegt die Station III. Klasse Warthausen. Hier biegt die 750 mm - Schmalspurbahn Biberach - Ochsenhausen von der Hauptstrecke ab. Links im Bild stehen 3 schmalspurige dreiachsige Drehschemelwagen, mit denen die Holzabfuhr bewerkstelligt wurde.

Kurz vor dem Bodensee erreicht die Eisenbahn Ravensburg. Im Jahre 1906, als dieses Photo entstand, prägten noch die mittelalterlichen Türme das Stadtbild.

Im Jahre 1888 wurde von der Lokalbahn Actien Gesellschaft eine Dampf-Straßenbahn von Ravensburg nach Weingarten eröffnet. Diese Meterspurstrecke wurde ab 1908 elektrifiziert, hier begegnet uns ein elektrischer Triebwagen 1910 in Weingarten.

Die Jahre zuvor prägten noch die Dampfzüge das Straßenbild, wie hier 1906 in Weingarten.

Im Bahnknoten Aulendorf fand 1913 der Verbandstag der Eisenbahn-Angestellten statt, zu dem diese Postkarte mit einer retouchierten Fb (etwas unrunde Räder) und 4. Klasse Wagen E4 herausgegeben wurde. Hier ging es nicht nur um schnöden Mammon, sondern auch um "Verleihung des Schaffnertitels an Hilfsschaffner und Bremser" oder "Titeländerung von Stationsvorsteher 3. Klasse in Stationsmeister".

Im Jahre 1854 übernahm die Königlich Württembergische Staatsbahn die "Württembergische-Bodensee-Dampfschiffahrtsgesellschaft" und betrieb seither Schiffsverkehr auf dem Bodensee. Der abgebildete Salondampfer "Württemberg" wurde 1903 von der Maschinenfabrik Kuhn in Stuttgart-Berg! gebaut.

Nordbahn

Als Nordbahn wurde ursprünglich die 1848 eröffnete Strecke von Stuttgart über Ludwigsburg nach Heilbronn genannt. Später wurde sie über Heilbronn hinaus nach Jagstfeld und durch das untere Jagsttal Richtung Osterburken verlängert.
Die Strecke Richtung Norden verläßt den Stuttgarter Talkessel durch den Pragtunnel, an dessen Nordausgang die damals, 1907, noch selbständige Gemeinde Feuerbach liegt. Hier verläßt ein Personenzug gerade den Tunnel und strebt Zuffenhausen zu.

Mitten im Kriegsjahr 1916 wurde am 4. Dezember die Nebenbahn von Ludwigsburg nach Markgröningen, bekannt durch seinen - erstmals 1443 erwähnten - traditionellen Schäferlauf, eröffnet. Im Sommer 1916 waren die Bauarbeiten noch in vollem Gange, württembergische und Elsaß-Lothringische Arbeitswagen stehen vor dem eben fertiggestellten Markgröninger Empfangsgebäude.

Im Jahre 1907 wurde von der 1899 gegründeten "Württembergischen Eisenbahn Gesellschaft" die Nebenbahn von Jagstfeld nach Ohrnberg eröffnet. Mit dieser Strecke sollte das untere Kochertal erschlossen und verkehrsmäßig an den Industrieraum Heilbronn angebunden werden. Auf dem Photo von 1908 erreicht das Zügle gleich den Haltepunkt Neuenstadt West und fährt dann weiter Richtung Jagstfeld.

In Besigheim direkt an der Bahnlinie lag das Werk der Bremen-Besigheimer Ölfabriken. Diese Firma hatte insgesamt 18 Kesselwagen in den Bestand der KWStE eingestellt, von denen einer im Vordergrund zu sehen ist.

Ein weiteres wichtiges Verkehrsmittel jener Zeit zeigt uns dieses Bild: die Flußfähre. Heute fast überall durch Brücken ersetzt, waren sie lange Zeit unersetzliche Hilfsmittel zur Flußüberquerung. Die Aufnahme entstand 1906 am Neckar bei Neckarsulm, im Hintergrund der Bahnhof mit Ladekran.

Von Jagstfeld am Neckar entlang führt eine badische Strecke nach Heidelberg. Kurz nach Jagstfeld liegt die Station Wimpfen. Auf dieser Aufnahme von 1902 gibt die alte Stauferstadt eine prächtige Kulisse für den Bahnhof.

Ein Güterzug rumpelt im Kriegsjahr 1915 durch Gundelsheim Richtung Heidelberg.

Am Zusammenfluß von Jagst und Seckach liegt das Städtchen Möckmühl. Auf der Burg oberhalb des Städtchens soll Götz von Berlichingen seine legendäre Aufforderung ausgesprochen haben. In Möckmühl zweigt die schmalspurige Jagsttalbahn nach Dörzbach von der Hauptstrecke ab. So steht im Bahnhof eine große Menge von Normalspur und Schmalspurgüterwagen zum Umladen oder Abtransport von Gütern bereit.

Zwischen den Orten Züttlingen und Möckmühl überquerte die Eisenbahn auf einer 137 m langen Brücke die Jagst. Die zweigleisige Brücke wurde 1869 durch die Maschinenfabrik Esslingen erbaut, das Werkphoto zeigt sie kurz vor der Eröffnung des Betriebes.

In Bietigheim zweigt der nördliche Teil der Centralbahn nach Bruchsal von der Nordbahn nach Heilbronn ab. Einen Tag vor der Mobilmachung 1914 wurde die Stichbahn von Maulbronn nach Maulbronn Stadt eröffnet. Auf unserem Photo wird letzte Hand an das neue Empfangsgebäude gelegt.

Bretten liegt zwar auf badischem Gebiet, die Bahnhofsanlagen wurden jedoch von der KWStE erbaut. Sämtliche Signale zeigen Halt auf dieser Aufnahme von 1907.

In den Brettener Lokbehandlungsanlagen war immer “viel los”, da auf dieser verkehrsreichen Strecke kurz hinter Bretten die berüchtigte Brettener Steige lag, die bei langen Zügen Vorspann und/oder Schublokomotiven nötig machte. Hier wird im Jahre 1902 eine Fc Lokomotive gedreht, eine zweite vor dem Schuppen mit Wasser versorgt.

Dieses Bild von 1906 zeigt im Vergleich mit dem vorigen die rege Bautätigkeit längs der Eisenbahn. Vor dem Lokschuppen befindet sich ein württembergischer Wasserkran und eine große Menge Feuerholz.

Obere Neckarbahn

In Plochingen zweigt die obere Neckarbahn von der Hauptbahn ab. Im Jahre 1859 wurde das erste Teilstück dieser Bahn von Plochingen bis Reutlingen eröffnet. Zehn Jahre später wurde Villingen erreicht. Die erste Privatbahn auf Württembergischem Boden war die 1864 eröffnete Kirchheimer Eisenbahn. Sie führte von Unterboihingen an der Neckarbahn zum 6 km entfernten Kirchheim unter Teck. Sie wurde 1899 von der KWStE übernommen. Im alten Bahnhof Kirchheim entstand in den Jahren 1906 bis 1911 eine Fotoserie, die den Betrieb und die Vielfalt der Betriebsmittel aufzeigt. Auf der ersten Aufnahme dieser Serie aus dem Jahr 1906 blicken wir aus Richtung Laderampe auf das Empfangsgebäude. Auf offenen Güterwagen der Badischen Staatsbahn wurden leere Fässer geliefert.

Viel Betrieb herrschte auch im Jahre 1908: Der Kohlenhändler Christian Schmid bekommt eine Wagenladung Kohle in einem offenen Güterwagen der Reichseisenbahn Elsaß-Lothringen, die Aktienbrauerei Rettenmeyer aus Stuttgart liefert Bier in ihrem firmeneigenen Bierwagen.

Auf diesem Bild von 1909 ist ein Schienenwagen der Reichseisenbahn Elsaß-Lothringen und ein preußischer Kohlenwagen der Direktion Hannover zu sehen. Auch damals gab es im Bahnhofsbereich schon Außenwerbung, wie das Gebäude im Hintergrund zeigt.

Bayerische, preußische und württembergische Güterwagen stehen hier einträchtig beieinander. Schaufel, leere Säcke und Ladebrett, um den Zwischenraum zwischen Rampe und Wagen zu überbrücken, liegen auf der Laderampe.

Die Bahnhofsanlagen aus anderem Blickwinkel. Die Gleise links führen nach Oberlenningen und Weilheim. Diese beiden Strecken wurden 1899 und 1908 eröffnet.

Kurz nach der Streckeneröffnung 1908 entstand diese Aufnahme vom Bahnhof Weilheim. Eine Weiterführung dieser Strecke nach Boll unterblieb wegen des Weltkrieges. Nach der Einführung der 4. Klasse am 1. Mai 1907 wurden zahlreiche ältere Personenwagen 3. Klasse durch Anbringen neuer Klassenschilder zurückgestuft, zwei dieser Wagen sind rechts im Bild zu sehen.

Güterwagen folgender Nationalitäten stehen hier auf Kirchheims Abstellgleisen: (von links nach rechts) Preußen, Österreich, Baden, Bayern, Preußen, Schweiz! Eindrucksvoll zeigt diese Aufnahme von 1911, daß es auf Württembergs Schienensträngen keineswegs nur württembergische Wagen zu sehen gab.

An der Neckarbahn liegt Nürtingen. Stellwerk, Weichenlaternen und Signale sind nach den Richtlinien der KWStE erbaut. An den Telegrafenleitungen des Königlichen Postamtes wird gearbeitet.

Die Neckarbahn verläßt bei Neckartailfingen den Neckar und erreicht Metzingen, Ausgangspunkt der Ermstalbahn (eröffnet 1873). Zwei württembergische und ein preußischer offener Güterwagen stehen hier 1906 leer vor dem Empfangsgebäude.

Die Ausfahrt von Metzingen zeigt dieses Photo von 1910. Eine Personenzuggarnitur wartet auf den nächsten Einsatz.

Kurz nach Metzingen erreicht die Neckartalbahn Reutlingen, wo die Nebenbahnen nach Honau und Gönningen abzweigten. Letztere wurde von den "Württembergischen Nebenbahnen" betrieben, eine Zuggarnitur dieser Privatbahn steht am Bahnsteig, auf dem Abstellgleis vier württembergische Arbeitswagen.

Ein Güterzug aus gedeckten Güterwagen fährt hier 1906 durch Reutlingen-Betzingen. Der Zugschluß wurde damals mit zwei quadratischen Tafeln auf dem Dach und einer runden Scheibe an der Kupplung signalisiert.

Bei Kirchentellinsfurt erreicht die Bahn wieder das Neckartal. Auch auf dieser kleinen Station scheint es starken Güterumschlag zu geben.

Den Anfang vom Ende des Königreichs Württemberg und damit auch der KWStE zeigt diese Aufnahme vom Spätsommer 1914: Auf dem Tübinger Güterbahnhof treffen die ersten Verwundetentransporte ein, in gedeckten Güterwagen von einer T5 gezogen.
Eine T3 mit langen Wasserkästen rangiert, und zahlreiche preußische Abteilwagen, vermutlich ebenfalls von Verwundeten oder Militärtransporten, stehen im Hintergrund.

Nach 48 km Bahnfahrt von Plochingen wird die alte Universitätsstadt Tübingen erreicht. Die Aufnahme ist um 1902 entstanden. Neben verschiedenen Güterwagentypen sind auch einige restaurierte vierachsige Amerikanerwagen zu sehen, die zum Zeitpunkt der Aufnahme, 1902, auch schon gut 50 Jahre auf dem Buckel hatten.

In Tübingen zweigte die 21 km lange Nebenbahn nach Herrenberg von der Neckartalbahn ab. Gezogen von einer Lok der Klasse Fb steht das Personenzügle in Tübingen West zur Abfahrt bereit. Die beiden vierachsigen rekonstruierten Amerikanerwagen sind inzwischen in die 4. Klasse zurückgestuft worden. Ein kombinierter 2./3. Klasse-Zweiachser und ein Gepäckwagen mit "Dachlattenverkleidung" komplettieren die Zuggarnitur.

In Entringen steht der Gegenzug: zwei Viertklassewagen, ein kombinierter 2./3. Klasse-Wagen, Gepäckwagen und die Lokomotive “Hannover”, Bahnnummer 76. Die Lokomotive war 1858 als 2`B Amerikanerlok erbaut, 1870 und 1895 umgebaut worden und der Klasse Ab zugeteilt.
Die Bahngebäude an dieser 1909 erbauten Strecke weichen im Baustil deutlich von denen der 60 Jahre älteren Neckarbahn ab, auch die Stationsbeschriftung unterscheidet sich deutlich.

Bei Sulz am Neckar im Jahre 1909 entstand diese Aufnahme. Eine Güterzuglokomotive der Klasse F schleppt einen beachtlich langen Zug neckaraufwärts. Zahlreiche leere Drehschemelwagen sind zur Holzabfuhr in den Zug eingereiht, denn der Schwarzwald war damals der Holzlieferant des Königreichs Württemberg.

HOTEL PRINZ KARL.
C. LÖSER
ROTTENBURG

In Rottweil zweigt die Obere Donaubahn Richtung Tuttlingen-Immendingen von der Neckarbahn ab. In Tuttlingen sind hier im Jahre 1908 zahlreiche württembergische Personenwagen verschiedenster Bauserien abgestellt. Eine Lok der Klasse Ac fährt mit ihrem Personenzug gerade aus dem Bahnhof aus.

Zurück auf der Neckarbahn erreichen wir Rottenburg, den alten Bischofssitz am Neckar. Die Aufnahme aus dem Jahr 1904 zeigt, daß auch vor der Gründung des Staatsbahnwagenverbandes fremde Güterwagen auf den Gleisen der KWStE anzutreffen waren.

Nicht an der Neckarbahn, sondern an der parallelen Gäubahn liegt Freudenstadt. Von der internationalen Bedeutung dieses Luftkurortes zeugen die beiden vor dem Bahnhofsgebäude abgestellten vierachsigen Durchgangswagen mit Oberlichtern, vermutlich der preußischen Staatsbahn gehörend.

Kurz vor der badischen Grenze liegt Alpirsbach. Neben dem Personenverkehr wurde hier hauptsächlich Holz aus dem Schwarzwald verladen. Bekannt ist auch die dortige Klosterkellerei, deren Eiskeller links und deren Bierwagen rechts am Güterschuppen zu sehen ist. Die Weichen des Bahnhofsbereiches wurden 1905 noch von Hand direkt gestellt.

Zollern- und Donaubahn

Von Tübingen aus führt die sogenannte Zollernbahn, die in Teilstücken von 1869 bis 1878 eröffnet wurde, über die Schwäbische Alb ins Donautal. Bei Sigmaringen stößt sie auf die Donaubahn, die zwischen 1868 und 1873 eröffnet wurde.
In Balingen im Jahre 1914 entstand diese Aufnahme. Zahlreiche Güterwagen sind im Bahnhof abgestellt. Die beiden Wagen vorne links sind hochbordige, offene Wagen zum Großviehtransport. Ihr Gattungszeichen setzt sich daher aus dem für Viehwagen -V- und dem für offene Güterwagen -O- zusammen.

Soeben hat dieser Güterzug den Bahnhof von Straßberg verlassen. Eine kleine Dreikupplerlok Klasse F2 schleppt den Zug.

In Frommern unweit Balingen stehen drei gedeckte Güterwagen preußischer Direktionen an der Ladestraße. Beachtenswert ist auch die hochgelegte Weichenlaterne.

In Inzigkofen im Donautal vereinen sich die Donautalbahn und die Zollernbahn. Vier offene Güterwagen stehen am Rande des Bahnhofes. Die beiden bayerischen Wagen sind unterschiedlich beschriftet: Der rechte hat noch die alte Beschriftung "K.Bay.Sts.B" (Königlich Bayerische Staats Bahn), während die mittlere schon die neue Beschriftung mit Wappen und Direktion (hier Nürnberg) hat.

Im Jahre 1905 hat hier der Fotograf in Sigmaringen seine Aufnahme gemacht. Über dem Bahnhof sieht man das aus dem 12. Jahrhundert stammende Schloß derer von Hohenzollern-Sigmaringen. Seit 1849 gehörte das Gebiet des Fürstentums Hohenzollern zu Preußen. Erst langwierige Verhandlungen mit Preußen erlaubten daher den Bau der Württembergischen Donautal- und Zollernbahn.

Der Standpunkt des Fotografen ist fast derselbe wie bei dem vorigen Bild, es entstand jedoch fünf Jahre später. Neu hinzugekommen sind Donaubrücke und Gleise der Hohenzollerischen Landesbahn. Sie gehören zu der Strecke Hanfertal-Sigmaringen, die am 1. Oktober 1910 eröffnet wurde. In Sigmaringen gab es übrigens keine Gleisverbindung zwischen Privatbahn und der württembergischen Staatsbahn.

Donauaufwärts Richtung Tuttlingen liegt Thiergarten im Donautal. Der Eisenbahnbau forderte hier viele Brücken und Tunnels, die Strecke wurde 1890 eröffnet.

Unweit Thiergarten liegt das Kloster Beuron im Donautal. Ein Personenzug verläßt gerade den Bahnhof Beuron und dampft Sigmaringen zu.

Im Jahre 1902 entstand diese Aufnahme in Schelklingen auf der Alb. Der im Vordergrund sichtbare württembergische Arbeitswagen war wohl beim Bau der Strecke Münsingen - Schelklingen, die 1901 eröffnet wurde, im Einsatz.

Zwei Züge kreuzen sich im Bahnhof Blaubeuren im Jahre 1911. Der vordere der beiden Züge ist ein gemischter Personen- und Güterzug, der eine beachtliche Länge aufweist. Leider ist die Zuglok nicht mehr zu erkennen.

In Herrlingen an der Blau stehen neben drei württembergischen auch zwei "fremde" Güterwagen. Die Aufnahme entstand 1901. Auf dem vorderen Gleis liegen zahlreiche Schwellen.

Remsbahn

Nicht an der Remsbahn, aber an der östlich am Stuttgarter Talkessel vorbeiführenden Güterumgehungsbahn liegt der König-Wilhelm-Viadukt. Mit dieser 661 m langen Eisenfachwerkbrücke wird das Neckartal bei Cannstatt überquert. Auf unserem Bild fährt ein Zug Richtung Kornwestheim.

In Waiblingen, der alten Stauferstadt, trennen sich die Remsbahn und die Murrbahn nach Backnang. Von Schorndorf kommend, hält hier gerade ein Personenzug am Bahnhof Waiblingen. Die vier Viertklasswagen am Zugschluß sind alles umgezeichnete Drittklasswagen, zwischen Postwagen und Zweiteklassewagen ist noch ein alter vierachsiger Gepäckwagen amerikanischer Bauart zu sehen.

Erste Planungen der Württembergischen Staatsbahn sahen die Hauptstrecke von Stuttgart nach Ulm durch das Remstal und Brenztal vor, um den steilen Albaufstieg zu umgehen. Auch wenn letztendlich der näheren Strecke durch das Neckar- und Filstal der Vorzug gegeben wurde, war die Anbindung der Ostalb mit dem Hüttenwerk in Wasseralfingen an das Eisenbahnnetz eine Notwendigkeit. 1861 wurde die Strecke bis Wasseralfingen eingeweiht, zwei Jahre später wurde Nördlingen erreicht. Die Bahn erklimmt von Cannstatt im Neckartal aus auf einer langen Rampe die Höhe des Schmidener Feldes, um danach wieder ins Remstal abzufallen. Im Scheitelpunkt steht der Bahnhof Fellbach, der hier 1910 in beschaulicher Ruhe liegt.

In Schorndorf, der Geburtsstadt Gottlieb Daimlers, entstand 1904 diese Aufnahme. Der Fußgängersteg scheint noch ziemlich neu zu sein, die helle Farbe deutet darauf hin. Zwischen den Schienen liegt allerlei Baumaterial, und hinter dem Möbelwagen steht ein ausgedientes Rollgatter von einem Bahnübergang.

Einen Überblick über die Bahnanlagen von Schwäbisch Gmünd bietet uns diese Aufnahme von 1915. Zahlreiche Schienen, Schwellen und Telegraphenmasten lagern zwischen den Gleisen.

Ebenfalls in Schorndorf, aber ein Jahr später, entstand diese Aufnahme. Ein Personenzügle steht im Bahnhof. Deutlich ist der Unterschied zwischen den beiden vierachsigen Drittklasswagen zu sehen: links der restaurierte Amerikanerwagen mit kurzen, weit innen sitzenden Drehgestellen, rechts sein moderner Nachfahre aus dem Jahr 1900 mit langen, außenliegenden Drehgestellen.

In Schorndorf zweigt die 1911 eröffnete Nebenstrecke nach Welzheim ab. Im Jahre 1909 ist der Viadukt bei Laufenmühle, 122 m lang, gerade im Bau.

Am 1. August 1911 wurde die Nebenbahn von Gmünd nach Wäschenbeuren dem Verkehr übergeben. Das Photo zeigt den Eröffnungszug in Wäschenbeuren, das bis 15. Mai 1912 Endstation war. Dann wurde das Reststück bis Göppingen eingeweiht. Das “Josephle”, wie die Bahn im Volksmund hieß, stellte so die Verbindung zwischen Rems- und Filstal her.

Den Aalener Bahnhof zeigt diese Aufnahme von 1905. Der Bahnhof hatte damals schon Bahnsteigüberdachung und Unterführungen von Bahnsteig zu Bahnsteig.

Auf dieser Aufnahme sind im Aalener Bahnhofsvorfeld umfangreiche Bauarbeiten im Gange, die im Zusammenhang mit der 1901 eröffneten meterspurigen Härtsfeldbahn stehen. Ein vierachsiger Personenwagen dieser der Württembergischen Lokal-Eisenbahn gehörenden Strecke steht im Hintergrund. Dahinter rangiert eine Staatsbahnlok der Klasse Ac mit je einem Stückgut-, Gefangenen- und Postwagen.

In offenen Güterwagen ist Sand und Kohle angekommen und wird im Aalener Güterbahnhof entladen. Die Hecht-Waldhorn-Brauerei AG transportiert einige Fässer mit dem Pferdewagen. Diese Brauerei hatte auch Bierwagen in den Bestand der KWStE eingestellt.

Hoch über Heidenheim liegt Schloß Hellenstein, das wohl die Ursache für diese Aufnahme gewesen sein dürfte. Der teilweise herausretouchierte Hintergrund deutet darauf hin. Im Bahnhof drunten ist derweilen ein langer Personenzug eingefahren. Beachtlich sind auch die Brennholzstapel längs der Gleise.

Das Bahnhofsgebäude von Heidenheim im Jahre 1907 liegt ziemlich verlassen da, Zugverkehr ist wohl in nächster Zeit nicht zu erwarten. Die Personenwagen sind eine abgestellte Garnitur.

Mehr Leben herrscht da schon im Güterbahnhof 1911. Zwei Lokomotiven der Klassen Fc und A rangieren. Unter den zahlreichen Güterwagen sind der mit Kisten beladene offene preußische Güterwagen und die zwei Bierwagen erwähnenswert.

In Ellwangen rast ein gemischter Zug am Bahnübergang vorbei. Die Beschrankung mit Schlagbaum war damals noch nicht sehr verbreitet, es wurden noch viel Rollgatter verwendet.

Die Jagstbrücke in Crailsheim zeigt dieses Bild von 1908. Crailsheim ist ein wichtiger Eisenbahnknoten. Hier kommen die Strecken aus Aalen, Schwäbisch Hall, Mergentheim und Ansbach zusammen. In Crailsheim war eine Eisenbahnbetriebswerkstätte der Maschineninspektion Heilbronn.

In Hessenthal, 7 km vor Schwäbisch Hall, teilt sich die Strecke von Crailsheim Richtung Stuttgart und Richtung Heilbronn. Im Herbst 1916 stehen viele Passagiere auf dem Bahnsteig und beobachten die beiden rangierenden Lokomotiven.

Fast nur Wagen der KWStE stehen hier vor dem Crailsheimer Empfangsgebäude. Die Jugend des Ortes beobachtet aufmerksam den Rangierer.

Von der Hauptstrecke Crailsheim - Heilbronn zweigt in Waldenburg die 1892 eröffnete Nebenbahn nach Künzelsau und Forchtenberg ab. Dorf und Bahnhof Künzelsau im Jahre 1901 zeigt dieses Bild.

Privatbahnen in Württemberg

Um die Jahrhundertwende wurden auch in einigen württembergischen Städten elektrische Straßenbahnbetriebe eingerichtet. Als Beispiel soll hier die "Fongaschees" (Funkende Chaise) von Esslingen dienen. Neben Triebwagen und normalen Beiwagen waren auch Sommerwagen (Nummer 20) sowie Flachwagen für Gepäckbeförderung und Marktbeschickung vorhanden.

Normalerweise wurde der Betrieb mit normalen, also geschlossenen, Trieb- und Beiwagen abgewickelt. Die Betriebsmittel der Esslinger Straßenbahn kamen selbstverständlich aus der am Ort ansässigen Maschinenfabrik.

In den Gebieten ohne Anschluß an das Schienennetz der Eisenbahn stellten Postkutschen oder auch schon Postomnibusse die Verbindung zur Außenwelt dar. Dieser Postbus der Gaggenauer Benzwerke wurde 1909 in Rosenfeld bei Oberndorf aufgenommen.

Unter diesem Foto stand im Archiv lapidar "1905 Reutlingen - Betzingen", aber sämtliche Personen und Fahrzeuge sowie der Weg sind in das urspüngliche Foto hineinretouchiert worden. Vermutlich handelt es sich um eine Werbepostkarte für die das Bild dominierende Restauration.

Die gleiche Lok wie auf dem vorigen Bild zeigt sich hier in unretouchiertem, seitenrichtigem Zustand. Aufnahmeort und -datum sind leider unbekannt.

Vor der Eninger Krone steht ein Zügle der Lokalbahn Reutlingen - Eningen. 1911 wurde diese Bahn an die WEG verkauft, später erwarb sie die Stadt Reutlingen. Damit war die LRE die Keimzelle der Reutlinger Straßenbahn.

Von Ebingen an der Strecke Tübingen - Sigmaringen führte eine 8 km lange Nebenbahn nach Onstmettingen. Die 1901 eröffnete Strecke wurde von der Württembergischen Eisenbahn Gesellschaft erbaut und betrieben. Die Hälfte des Fahrzeugbestandes steht hier im Eröffnungsjahr vor dem Endbahnhof.

In Onstmettingen befindet sich auch der Lokschuppen der Bahn, neben dem außer Rungenwagen der KWStE weitere Fahrzeuge dieser Privatbahn abgestellt sind.

Das Netz der Staatsbahnlinien wurde durch eine große Anzahl von Privatbahnen und Überlandstraßenbahnen ergänzt.
Eine der interessantesten Privatbahnen war die elektrische Bahn der Elektrizitätswerke Trossingen. Sie führte vom Staatsbahnhof Trossingen an der Strecke Rottweil - Villingen zum 4,5 km entfernten Ort Trossingen. Die 1898 eröffnete Bahn war von Anfang an elektrisch betrieben worden. Hier steht im Jahr 1909 die Lok und ein Triebwagen im Stadtbahnhof.

Bahnen im benachbarten Ausland

Einige Fotos von benachbarten Bahnverwaltungen sollen dieses Buch beschließen. Im Jahre 1911 entstand dieses Bild vom Bahnhof Augsburg. Neben zahllosen Wagen aller deutschen Bahnen ist auch eine rangierende R 3/3 der Königlich Bayrischen Staatsbahn zu sehen.

Im Bahnhof Memmingen wird gerade eine württembergische Lok der Klasse Ac auf der Drehscheibe gedreht. Sie wird in Kürze mit dem Güterzug im Hintergrund nach Württemberg zurückdampfen.

Internationalität am Bodensee: Auf einem Trajektkahn der österreichischen K.u.K. Staatsbahn stehen drei preußische Güterwagen, im Vordergrund liegt der Salondampfer Bavaria der Bayerischen Staatsbahn am Anleger. Das spielt sich alles ab vor der Kulisse des K.u.K. Post- und Telegraphenamtes in Bregenz.

Am Endpunkt der Nebenbahn Villingen-Dürrheim steht dieser Personenzug mit einer badischen Ie Lok.

Auch die bayerische Staatsbahn betrieb Trajektverkehr auf dem Bodensee, und zwar die beiden Linien Lindau-Romanshorn und Lindau-Konstanz. Im Hafen von Lindau wird ein Trajektkahn gerade an den Anleger bugsiert, eine kleine Tenderlok wartet mit einer Flachwagengarnitur aufs Entladen.

Bei Oberreitnau an der Bodensee-gürtelbahn strebt dieser Güterzug 1912 Friedrichshafen zu.

Die Lokomotiven der Gattung VIId waren der Abschluß der Entwicklung dreifach gekuppelter Güterzugloks in Baden. Sie wurden bis 1902 beschafft.

Bei Fützen an der Wutachtalbahn entstand dieses Bild. Eine badische Tenderlok der Gattung VIb zieht ihren Güterzug bergwärts.

Die Bevölkerung von St. Georgen an der badischen Schwarzwaldbahn wird wohl gut mit Bier versorgt, wie die beiden Wagen vermuten lassen.

Der badische Dreikuppler der Gattung VIIa dürfte mit den drei Wagen keine Schwierigkeiten gehabt haben, galt doch diese Lokbauart, von der 171 Stück beschafft wurden, als besonders zugkräftig.

Im Bahnhof Sommerau zieht eine badische Mallet Lok ihren Zug Richtung St. Georgen.

Ein D-Zug und ein Güterzug begegnen sich auf der badischen Schwarzwaldbahn.

Ebenfalls bei Sommerau kommt diese badische Tenderlok mit ihrem Personenzug aus dem Tunnel.

Bei Scheuern zieht eine badische Tenderlok einen Güterzug. Für die 58 km lange Strecke von Rastatt nach Freudenstadt hatte man insgesamt 59 Jahre Bauzeit gebraucht.

Aus dem Rappentunnel an der Murgtalbahn von Rastatt nach Schönmünzach kommt diese badische Vb Tenderlok. Diese Maschinen waren 1876 gebaut worden und 1911, als das Foto entstand, immer noch in Betrieb.

Energieträger in dieser Zeit war fast ausschließlich die Kohle. Von den Kohlebergbaugebieten wurde sie mit der Eisenbahn zu den Fabriken und Betrieben transportiert. Hier ist cs die Zuckerfabrik in Frankenthal, die in einem badischen 12,5 tonnenwagen beliefert wird. Entladen wird hier sogar schon mit einem Waggonkipper, die Herren mit den Schaufeln posieren nur fürs Foto.

Auch der Abtransport der Produkte erfolgte mit der Eisenbahn. Diese Aufnahme zeigt rechts den Kohlenaufzugsturm und die Halde vom vorigen Bild. Lange Reihen von gedeckten Güterwagen der Länderbahn- und Verbandsbauart stehen bereit, den in Säcken verpackten Zucker abzutransportieren.

Reichsbahndirektion Stuttgart.

EISENBAHNKARTE VON WÜRTTEMBERG.

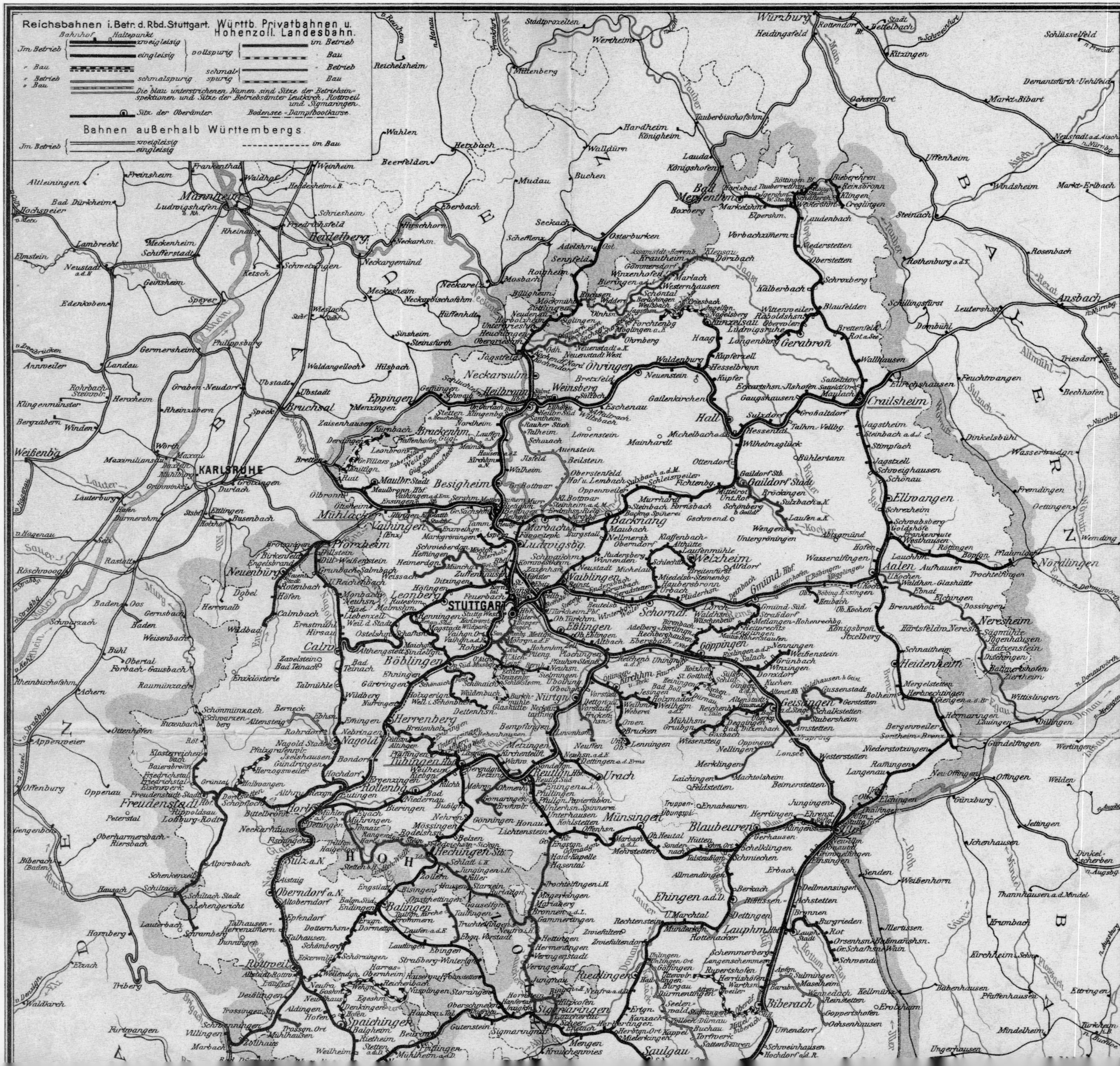

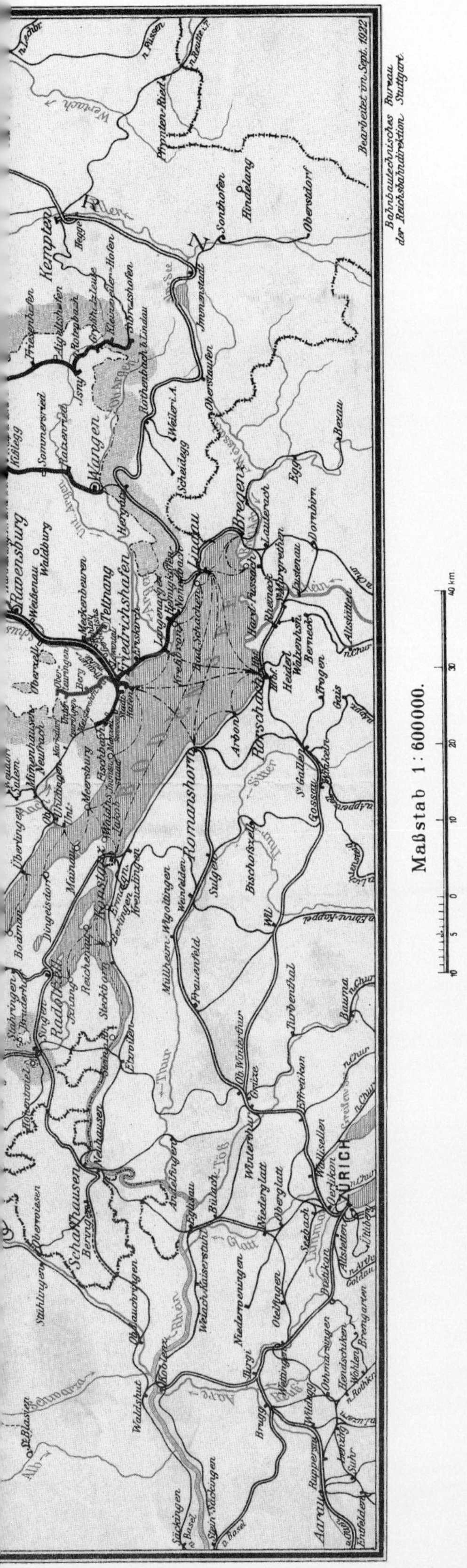

Karte Diese Karte der Reichsbahndirektion Stuttgart aus dem Jahre 1923 zeigt sämtliche Strecken der früheren KWStE.

Literatur

Born, E. u. Obermaier, H.: Lokomotiven und Wagen der Königlich Württembergischen Staats Eisenbahnen. Stuttgart 1966.
Bruns, V. (Hrsg.): Württemberg unter der Regierung König Wilhelms II. Stuttgart 1916.
Bürnheim, H.: Die Württembergische Eisenbahn Gesellschaft. Stuttgart 1986.
Büttner, S. u. Banhard, W.: Unter Dampf. Stuttgart 1988.
Deppert, W.: Mit Dampfmaschine und Schaufelrad. Konstanz 1975.
Klein, L.: Gutachten über die für die KWStE anzuschaffenden Personen- und Gütertransportwagen. Stuttgart 1844.
Kobschätzky, H.: Die Königlich Württembergischen Staats Eisenbahnen. Stuttgart 1980.
Konrad, E.: Die Reisezugwagen der deutschen Länderbahn. Bd. 2: Bayern, Württemberg, Baden. Stuttgart 1984.
Lohr, H. u. G. Thielmann: Lokomotiv Archiv Württemberg. Berlin (DDR) 1988.
Messerschmidt, W.: Lokomotiven der Maschinenfabrik Esslingen. Moers 1984.
Ders.: Vom Fuhrwerk zum Intercity. Stuttgart 1988.
Mühl, A. u. Seidel, K.: Die Württembergischen Staats Eisenbahnen. Stuttgart 1980.
Scherer, T.: Die Baureihe 18.1. Freiburg 1986.
Seidel, K.: Die Remsbahn. Stuttgart 1987.
Supper, O.: Die Entwicklung des Eisenbahnwesens im Königreich Württemberg. Stuttgart 1895.

Das deutsche Eisenbahnwesen der Gegenwart. Berlin 1911.
65 Jahre Stuttgarter Hauptbahnhof. Stuttgart 1987.
Verband württ. Eisenbahn- und Dampfschiffahrts Unterbeamten, Handwerker und Arbeiter EV: Eingabe zur Gehaltsneuordnung. Stuttgart 1911.
Ders.: Sammeleingabe zum Entwurf des Hauptfinanzetats 1913 und 1914. Stuttgart 1913.
KWStE: Verwaltungsbericht der Königlich Württembergischen Verkehrsanstalten Etatjahr 1912-1917. Stuttgart 1913-1918.
Ders.: Wagenverzeichnis 1911. Stuttgart 1911.
Ders.: Wagenverzeichnis 1889 mit Ergänzungen. Stuttgart 1889.
Reichseisenbahnamt: Statistik der im Betrieb befindlichen Eisenbahnen Deutschlands. Rechnungsjahr 1914. Berlin 1916.

Fotonachweis

Daimler Benz AG - Seite 12, 13, 15, 17, 18, 19, 20, 21, 22, 23, 25, 26, 28, 30, 31, 32, 33, 35, 36, 37, 38, 39, 40, 47, 48, 49, 50, 51, 52, 58, 61, 62, 63, 64, 65, 66, 68, 70, 71, 72, 74, 75, 76, 78, 79, 80, 81, 82, 83, 84, 85, 86, 97, 98, 100, 123, 171, 172
Archiv Künkele - Seite 34, 45
Verkehrsmuseum Nürnberg - Seite 24, Karte 190
Maschinenbaugesellschaft Heilbronn - Seite 34
MAN-Nürnberg - Seite 42, 53, 56, 57, 58, 59, 60, 66, 67
Stadtarchiv Göppingen - Seite 102
Südzucker AG Mannheim - Seite 188, 189
Archiv Gebr. Metz Tübingen - Umschlag-Titel, Umschlag-Rückseite, Seite 14, 16, 26, 27, 29, 43, 44, 45, 46, 47, 54, 88, 89, 90, 91, 92, 93, 94, 95, 96, 97, 99, 100, 101, 103, 104, 105, 106, 107, 108, 109, 110, 111, 112, 113, 114, 116, 117, 118, 119, 120, 121, 122, 123, 124, 125, 126, 128, 129, 130, 131, 132, 133, 134, 135, 136, 137, 138, 139, 140, 141, 142, 143, 144, 145, 146, 148, 149, 150, 151, 152, 153, 154, 156, 157, 158, 159, 160, 161, 162, 163, 164, 165, 166, 167, 168, 170, 173, 174, 175, 176, 177, 178, 180, 181, 182, 183, 184, 185, 186, 187, 188, 189